FAÇA
O QUE TEM QUE SER
FEITO
E NÃO APENAS O QUE
TE PEDEM

BOB NELSON

FAÇA
O QUE TEM QUE SER
FEITO
E NÃO APENAS O QUE
TE PEDEM

UM MANIFESTO PARA TORNAR
SEU TRABALHO MAIS SIGNIFICATIVO
E GRATIFICANTE

Título original: *Please don't just do what I tell you!*
Copyright © 2003 por Bob Nelson

Todos os direitos reservados. Nenhuma parte deste livro pode ser utilizada ou reproduzida sob quaisquer meios existentes sem autorização por escrito dos editores.

TRADUÇÃO: Vera Whately

PREPARO DE ORIGINAIS: Virginie Leite

REVISÃO: Antonio dos Prazeres, Pedro Staite e Sérgio Bellinello Soares

PROJETO GRÁFICO E CAPA: Tereza Bettinardi

DIAGRAMAÇÃO: Ana Paula Daudt Brandão

IMPRESSÃO E ACABAMENTO: Bartira Gráfica

CIP-BRASIL. CATALOGAÇÃO NA PUBLICAÇÃO
SINDICATO NACIONAL DOS EDITORES DE LIVROS, RJ

N349f   Nelson, Bob

Faça o que tem que ser feito e não apenas o que te pedem/ Bob Nelson; tradução de Vera Whately. Rio de Janeiro: Sextante, 2020.

128 p.; 12 x 18 cm.

Tradução de: Please don't just do what I tell you, do what needs to be done
ISBN 978-85-431-0918-3

1. Motivação no trabalho. 2. Produtividade do trabalho. 3. Capacitação de empregados. I. Whately, Vera. II. Título.

19-61487   CDD: 658.314
                                                      CDU: 005.32:331.101.3

Todos os direitos reservados, no Brasil, por
GMT Editores Ltda.
Rua Voluntários da Pátria, 45 – 14.º andar – Botafogo
22270-000 – Rio de Janeiro – RJ
Tel.: (21) 2538-4100
E-mail: atendimento@sextante.com.br
www.sextante.com.br

SUMÁRIO

9   Prefácio
13   Apresentação

17   **PARTE 1: INTRODUÇÃO**
        Uma mensagem que veio para ficar

23   **PARTE 2: A EXPECTATIVA SUPREMA**
        Faça o que tem que ser feito

31   **PARTE 3: ESTRATÉGIAS E TÉCNICAS SIMPLES**
        Formas de começar agora

33   PENSE: O que deve ser feito?
34   *Procure mais desafios em seu trabalho*
36   *Pense em como as coisas podem ser melhoradas*
38   *Cuide do dinheiro da empresa como se fosse seu*
40   *Faça perguntas bobas*
42   *Transforme as necessidades em oportunidades*
44   *Precaução: Não viva se queixando*

45   PREPARE-SE: Faça seu dever de casa
47   *Aprenda primeiro o que você não sabe*

49 Colete seus próprios dados
52 Desenvolva opções e um plano de ação
54 Jogue areia no seu próprio plano
56 Entenda que nem todos comprarão suas ideias
59 Precaução: Não faça brincadeiras no trabalho

61 ENTRE EM AÇÃO: Faça alguma coisa diferente agora
62 Expresse sua opinião para ter influência!
64 Ofereça-se para tarefas difíceis
66 Enfrente os desafios com criatividade
68 Procure o lado positivo dos problemas
70 Faça as coisas acontecerem
73 Precaução: Assuma a responsabilidade por suas ações (e inações)

75 SEJA PERSEVERANTE: Não desista facilmente
76 Reorganize-se quando suas ideias encontrarem resistência
78 Não abuse da porta aberta do seu supervisor
80 Persista quando surgirem obstáculos
82 Faça a mesma coisa de forma diferente
84 Aprenda a gostar de coisas que os outros detestam fazer
86 Precaução: Evite o "jogo da culpa"

89	**PARTE 4: PREOCUPAÇÕES COMUNS**
91	O que nos puxa para trás
92	Medo
94	*"Eu poderia cometer um erro"*
96	*"O que tem que ser feito não é fácil"*
97	*"Tenho medo de ser demitido"*
100	Frustração
102	*"Não tenho autoridade"*
103	*"Não tenho apoio"*
105	*"Não tenho habilidades"*
106	Fracasso
108	*"Tomei iniciativa uma vez e cometi um erro"*
110	*"Alguém vive atrapalhando meu trabalho"*
112	*"Fracasso sempre que tento tomar iniciativa"*
115	**PARTE 5: CONCLUSÃO**
	A recompensa suprema
117	Perceba o seu potencial
127	Sobre o autor

PREFÁCIO

Bob Nelson e eu somos amigos há mais de quinze anos. Por isso, tive a oportunidade de acompanhar a história de *Faça o que tem que ser feito*. Durante algum tempo, nós conversamos sobre a possibilidade de escrever um livro a quatro mãos, tendo como base *Mensagem para Garcia*, uma fábula clássica sobre a importância de os funcionários fazerem aquilo que seus supervisores mandam. Mais de uma década depois, Bob reformulou essa mensagem para que ficasse mais afinada com o nosso tempo.

Por quê? O antigo conceito de trabalho não existe mais. Acabou. Antes, a lealdade costumava garantir a estabilidade no emprego. Quando me formei, lembro que um amigo conseguiu uma vaga numa grande companhia telefônica e ligou para casa para dar a boa notícia. A mãe dele chorou de alegria e disse: "Você está feito para a vida toda." Hoje, onde quer que se trabalhe, nunca se está feito na vida. Com todas as mudanças ocorridas nas empresas, não existe mais garantia para o futuro.

Se o conceito antigo acabou, qual é o novo? Em conversas com pessoas dos quatro cantos do mundo, procurei saber o que elas procuram num emprego, já que não têm mais segurança. As respostas apontam para duas coisas: honestidade e oportunidade. Em primeiro lugar, os colaboradores de hoje querem saber a verdade, não aceitam mentiras. Eles não se sentem confortáveis numa empresa que garante que não fará demissões e, seis meses depois, começa a demitir gente. Segundo, eles querem oportunidades – de aprender, de acumular conhecimentos e de desenvolver suas habilidades. Eles sabem que o valor de seu trabalho e seu potencial de se recolocar no mercado são a sua maior segurança no emprego.

Hoje se fala muito em "tornar-se uma marca". Em breve, todos terão seus portfólios com a descrição das oportunidades que tiveram e das habilidades que oferecem ao empregador. Atualmente, a melhor forma de aprender é ter oportunidade de tomar iniciativa. As pessoas precisam ter chance de cometer erros e de aprender com esses erros. E precisam conhecer as estratégias e técnicas necessárias para se destacarem no trabalho. É disso que este livro trata. Bob mostra que todos nós podemos criar nossas próprias oportunidades, independentemente de onde trabalhamos ou da função que exercemos.

A mensagem de Bob também é oportuna ao mostrar que as grandes empresas que estão vencendo a concorrência hoje em dia são as que focam o cliente. Não há nada que deixe um cliente mais irritado do que frases prontas, como "Desculpe, mas essa é a nossa política", "Eu sou um mero empregado aqui" ou "O senhor deseja falar com o meu supervisor?". Os clientes – mais exigentes a cada dia – gostam de lidar com quem tem poder para tomar decisões. É isso que derruba a concorrência e mantém a equipe motivada.

As melhores empresas estão descobrindo que o melhor serviço vem dos colaboradores que têm chance de causar impacto no seu trabalho. Mais uma vez, o livro de Bob mostra que em todos os cargos, em qualquer nível, os colaboradores estão mais próximos que qualquer um dos problemas e oportunidades de seu próprio trabalho. Portanto, eles têm condições de fazer a diferença para seus clientes, colegas e até mesmo seus gerentes.

Leia *Faça o que tem que ser feito* e fale dele para todos os seus amigos. Este livro pode realmente ajudar a criar oportunidades para que você e aqueles com quem trabalha se sobressaiam no emprego. E tenho a impressão de que seu gerente também vai gostar muito do livro. Melhor para todos!

Ken Blanchard, Ph.D.
Coautor de O *Gerente-Minuto*

APRESENTAÇÃO

Este livro tem um princípio simples: nunca é preciso permissão para se fazer um bom trabalho. Onde quer que você trabalhe, ou para quem quer que trabalhe, seu supervisor espera que você sempre use seu discernimento e se esforce para fazer o que tem que ser feito a fim de que a empresa seja bem-sucedida.

Isso é o que chamo de "A Expectativa Suprema". É uma mensagem que todo colaborador precisa ouvir, mas que poucas empresas declaram explicitamente.

Embora possa parecer estranho, todo empregador hoje procura contratar essencialmente o mesmo tipo de pessoa: alguém que tenha iniciativa. É claro que as necessidades específicas do gestor são tão variadas quanto as qualificações e a capacidade dos funcionários que contratam, mas, no fundo, é o mesmo tipo de indivíduo que eles procuram. Alguém que, em uma dada situação de trabalho, age de forma independente

– qualquer que seja sua formação, seu treinamento ou sua capacidade – vale ouro.

Ser capaz de corresponder à Expectativa Suprema é uma virtude que todo trabalhador possui, mas que poucos parecem demonstrar. Fazer o que precisa ser feito por iniciativa própria é a marca registrada da excelência profissional.

Atender um cliente, solucionar um problema, ajudar um colega de trabalho, dar uma sugestão para economizar dinheiro, desenvolver uma ideia ou aprimorar um processo são ações esperadas de todos os colaboradores a partir do momento em que eles são contratados.

Na verdade, não conheço nenhuma empresa hoje em dia que possa sobreviver com funcionários que apenas seguem ordens. O ambiente competitivo, o número de mudanças e a velocidade dos negócios na maioria dos mercados são intensos demais para os colaboradores agirem de outra forma. A empresa que espera que os funcionários façam apenas aquilo que os gestores pedem é uma séria candidata a cair fora do negócio em uma questão de tempo.

Compare a sua empresa com qualquer concorrente. Provavelmente, vocês têm produtos, serviços, tecnologia, canais de distribuição e estratégias de mercado semelhantes, entre outras coisas.

O que faz com que uma empresa tenha sucesso e outra lute para sobreviver? São as pessoas, e a iniciativa diária, a energia e o empenho com que elas trabalham, sem esperar que alguém lhes diga o que devem fazer.

Os dias de "superiores" e "subordinados" pertencem ao passado. O trabalho hoje é uma parceria, todos trabalham em conjunto. A natureza do trabalho – do negócio em si – está mudando com tanta rapidez que os funcionários não podem esperar uma direção. Precisam estar sempre a postos.

Os colaboradores é que sabem melhor como fazer seu próprio trabalho. Eles conhecem bem os problemas que surgem no dia a dia e as necessidades dos clientes. Eles veem e sentem em primeira mão o que os gerentes mais graduados só podem deduzir a partir de relatórios. Com colaboradores de todos os níveis motivados e preocupados em fazer seu trabalho da melhor forma possível, a empresa pode ser mais receptiva aos seus clientes – e mais competitiva para atingir suas metas.

Muito em breve nós seremos um mundo de trabalhadores autogerenciados, onde todos precisarão compreender a importância da própria contribuição para a missão e o propósito da empresa e se esforçar para tomar iniciativas que tenham mais impacto.

Com o tempo, o seu trabalho se tornará mais empolgante, você sentirá o efeito de suas ações e aprenderá, crescerá e se desenvolverá nas suas funções. Passará a ser conhecido como alguém que "faz as coisas acontecerem", será capaz de assumir responsabilidades maiores e mais significativas e receberá recompensas por agir assim.

Este livro pretende ser um ponto de partida para outras discussões. Representa uma atitude e uma filosofia que vieram para ficar, uma atitude que pode beneficiar todos os membros da empresa – além da empresa como um todo.

Bob Nelson

1
INTRODUÇÃO: UMA MENSAGEM QUE VEIO PARA FICAR

Como muita gente, tive alguns empregos interessantes na adolescência e na época da faculdade. Trabalhei em montagem de bicicletas (fui despedido). Vendi dicionários de porta em porta. Passei um verão tentando receber o pagamento de ingressos para um concurso de beleza – os bilhetes tinham sido reservados por homens de meia-idade que caíram na conversa sedutora das vendedoras, mas não pretendiam comparecer ao evento. Trabalhei como professor de matemática, vendedor de livraria, caixa de loja de conveniência e até supervisor de um acampamento de verão para escoteiros.

Esses trabalhos eram tão banais que chegavam a ser monótonos. Na época, eu achava que eles só tinham em comum o fato de serem trabalhos modestos, com baixa remuneração.

Mais tarde aprendi que estava errado. Esses empregos me ofereceram valiosas lições e oportunidades que ignorava – lições que descobri depois que podiam ser aprendidas em *qualquer* emprego, em *qualquer* nível!

Vejamos, por exemplo, meu trabalho na loja de conveniência. Eu achava que era um bom funcionário. Fazia o que mandavam e o que eu achava que era minha obrigação fazer – o que consistia basicamente em ficar atrás da caixa registradora, esperando para passar as compras dos clientes.

Mas um dia eu estava no caixa conversando com um colega de trabalho quando o gerente regional entrou. Ele olhou em volta da loja por um instante e fez sinal para que eu o acompanhasse até um dos corredores. Sem dar uma palavra, começou a examinar as mercadorias e a mexer nas prateleiras vazias, substituindo produtos que tinham sido comprados. Depois foi até a área de preparação de alimentos, limpou o balcão e esvaziou a lata de lixo.

Fiquei observando tudo com curiosidade e, aos poucos, percebi que ele esperava que eu fizesse o que ele estava fazendo! Isso me pegou totalmente de surpresa, não porque aquelas tarefas fossem novas para mim (eu fazia tudo isso, limpava o chão e esvaziava a lata de lixo todo dia antes de terminar meu turno de trabalho), mas porque constatei que precisava fazer essas coisas o *tempo* todo!

Bem, ninguém tinha me dito isso explicitamente! E mesmo naquela hora ele não falou nada.

Naquele momento silencioso aprendi uma lição sobre o mundo do trabalho que me serviria para o resto da vida – uma lição que não só me tornou um profissional melhor como me permitiu tirar mais proveito de todas as experiências profissionais a partir de então.

A lição foi que eu devia ser responsável pelo meu próprio trabalho. Devia ter um nível mais alto de atuação, tornando-me responsável pelas minhas ações. Em suma, devia me concentrar no que precisava ser feito, sem esperar receber ordens.

Depois que aprendi essa lição, os trabalhos que eu achava banais tornaram-se muito mais divertidos e motivadores. Quanto mais eu focava o que podia fazer no local de trabalho, maior era a minha capacidade de aprender e agir.

Larguei meu emprego de caixa para me dedicar à faculdade, mas essa experiência moldou minha vida e minha carreira de forma profunda. Deixei de ser um observador e passei a assumir o controle das minhas experiências profissionais. Os projetos da faculdade passaram a ser mais interessantes, os empregos de meio expediente tornaram-se oportunidades de explorar novas profissões e os empregos que não exigiam experiência permitiram um crescimento sem precedentes.

Ao assumir cargos mais elevados, como gerente e executivo, sempre procurei oportunidades de fazer o que precisava ser feito. Na verdade, em todo trabalho, em todos os níveis, eu via chances de melhorar e de fazer a diferença – não apenas para meu empregador, mas também para mim mesmo.

E cheguei à conclusão de que todo funcionário, em qualquer ambiente de trabalho, precisa ouvir e acreditar nesta mensagem fundamental: você pode começar a fazer a diferença na sua vida hoje, no seu emprego atual, e não no emprego ideal que espera ter um dia num futuro distante.

Nas páginas seguintes você vai entender melhor o que é necessário para assumir as rédeas do seu emprego, da sua carreira e da sua vida.

Nosso percurso começa com uma carta imaginária para os novos colaboradores, que eu chamo de "A Expectativa Suprema".

2
A EXPECTATIVA SUPREMA: FAÇA O QUE TEM QUE SER FEITO

Caro colaborador,

Você foi contratado para cuidar de necessidades que consideramos urgentes. Se pudéssemos deixar de contratá-lo, teríamos tomado a decisão. Mas chegamos à conclusão de que precisávamos de alguém com sua competência e experiência e que você era a pessoa mais indicada para nos ajudar. Nós lhe oferecemos um cargo e você aceitou. Obrigado!

No seu trabalho você terá muitas ocupações: responsabilidades gerais, tarefas específicas, projetos individuais e em grupo. Também terá muitas chances de se sobressair e de confirmar que nós fizemos uma boa escolha ao contratá-lo.

Contudo, há uma responsabilidade da maior importância que talvez nunca lhe seja solicitada diretamente, mas que você precisará ter sempre em mente durante todo o tempo em que estiver conosco. É a Expectativa Suprema, que se resume no seguinte:

FAÇA SEMPRE O QUE TEM QUE SER FEITO, NÃO ESPERE QUE TE PEÇAM.

Nós o contratamos para fazer um trabalho, porém, mais importante que isso, nós o contratamos para você pensar, usar seu discernimento e agir segundo o interesse da empresa em todos os momentos.

Se não mencionarmos mais esse princípio, não considere que isso deixou de ser importante ou que nossas prioridades mudaram. É provável que nos deixemos levar pela pressão diária do negócio, pelas mudanças incessantes da operação e pelas atividades ininterruptas. Nossas práticas do dia a dia talvez deixem a impressão de que essa ideia não mais se aplica. Mas não se deixe enganar.

Por favor, não se esqueça da Expectativa Suprema. Tente fazer disso um princípio orientador no seu trabalho, uma filosofia que esteja sempre com você, guiando constantemente seus pensamentos e ações.

Você tem nossa permissão de agir na defesa de nossos interesses mútuos.

Se em qualquer momento sentir que não estamos fazendo a coisa certa – a coisa que você acredita que ajudaria a todos nós –, por favor, diga.

Você DEVE emitir sua opinião quando necessário e declarar o que não foi declarado, dar uma sugestão ou questionar uma ação ou decisão.

Isto não quer dizer que sempre concordaremos com você, nem que mudaremos necessariamente o que estamos fazendo, mas vamos querer saber o que você acredita que nos ajudaria a atingir nossas metas e propósitos e criar uma experiência de sucesso mútuo. Esperamos que, nesse processo, você aprenda e cresça profissionalmente.

Você precisa compreender como (e por que) as coisas são feitas de determinada forma, antes de tentar mudar o processo de trabalho existente. Tente trabalhar com os sistemas existentes, em primeiro lugar, mas fale quando achar que eles devem ser mudados.

Converse comigo e com outras pessoas da empresa sobre o que foi discutido aqui, para que todos nós possamos aplicar melhor a Expectativa Suprema.

Atenciosamente,
Seu Gerente

P. S.: Como muitos conselhos válidos, a Expectativa Suprema parece senso comum. No entanto, não confunda o que parece simples com o que é fácil de ser feito. Leve esta mensagem a sério e torne-se apto a aplicá-la no seu próprio trabalho.

Depois de aprender a Expectativa Suprema, você deve aplicá-la diariamente no seu trabalho. Aceitar esse desafio é da maior importância para o seu sucesso na empresa, na sua carreira e na sua vida.

3
ESTRATÉGIAS E TÉCNICAS SIMPLES: FORMAS DE COMEÇAR AGORA

PENSE
O que deve ser feito?

Todas as ações que têm consequência começam com uma ideia, com alguém pensando que pode fazer alguma coisa diferente e melhor do que aquilo que está sendo feito no momento. Veja a seguir algumas lições, estratégias, sugestões e técnicas que aprendi ao tomar iniciativas. Use-as no sentido de criar ideias para uma aplicação específica no seu cargo atual.

PROCURE MAIS DESAFIOS EM SEU TRABALHO

Sempre que possível, procure formas de tornar seu trabalho mais difícil. Assuma mais tarefas, ofereça-se para ajudar os outros e peça para fazer parte de projetos ou equipes criados a fim de resolver problemas urgentes.

É claro que, a curto prazo, essa estratégia talvez pareça um pouco desgastante, mas a longo prazo mostrará que você é uma pessoa capaz e ávida para enfrentar desafios – e, consequentemente, seu valor para a empresa aumentará.

Vejamos, por exemplo, Sharon Leahy, assistente executiva da imobiliária Tri-United Companies. Ela assumia sistematicamente responsabilidades e, com isso, ampliou sua atuação no trabalho, chegando a gerente do escritório. Atualmente é vice-presidente da empresa. Leahy declara: "Na ausência do presidente, fico encarregada de todas as operações da empresa." Moshe Menora, proprietário da imobiliária, adora isso. "Todo gestor busca alguém com dinamismo suficiente para comandar e ajudar sem ser preciso que lhe peçam ajuda."

Da mesma forma, Emily Rodríguez, colaboradora da Esprit De Corp, aumentou aos poucos suas responsabilidades empresariais ao sugerir novas formas de usar a logística como serviço e ferramenta de marketing, desde a consolidação de carga marítima até programas de frete pré-pago. Hoje ela é diretora de transporte da empresa baseada em São Francisco.

Ao ampliar sua atuação no trabalho, você pode não só produzir mais como aprender mais ao longo do tempo, aumentando as chances de alavancar oportunidades futuras com base em seus sucessos.

Empenhe-se em compreender seu trabalho, atender às necessidades de seu gerente e expandir ativamente suas responsabilidades.

PENSE EM COMO AS COISAS PODEM SER MELHORADAS

A maioria das ações começa com uma ideia, e você pode facilmente controlar essas ideias. No trabalho, tente pensar em como poderá melhorar as coisas.

Comece por baixo. Pense em como poderia organizar melhor seu trabalho, por exemplo. Chegue um pouco mais cedo para planejar o dia, antes que todos cheguem ao escritório. Quando lhe perguntarem alguma coisa, tente determinar a pergunta por trás dessa pergunta. Ofereça-se periodicamente para ajudar seu supervisor em alguma outra coisa. Tente descobrir as necessidades não declaradas daqueles que estão à sua volta para poder atender suas demandas e tornar o trabalho deles mais fácil.

Quando eu vendia livros, descobri que o trabalho ficava mais estimulante quando oferecia sugestões aos leitores. Volta e meia eu pensava em novas formas de fazer o que estava fazendo e o tempo passava mais depressa. De vez em quando uma das minhas ideias interessava aos outros – e o entusiasmo deles alimentava meu próprio entusiasmo.

Não pense que há uma única forma correta de realizar uma determinada tarefa. Não pense que as coisas devem necessariamente continuar a ser feitas como sempre foram. Não pense que as pessoas não vão se importar se as coisas forem feitas de uma forma melhor.

Dê pelo menos duas sugestões por semana no seu trabalho. Sugira como as coisas podem ser melhoradas, como o dinheiro pode ser economizado, ou como os processos podem ser simplificados. Mantenha o foco primeiro no seu próprio trabalho e, ao adquirir habilidade, confiança e respeito, passe a dar sugestões no seu departamento e, depois, na empresa como um todo.

CUIDE DO DINHEIRO DA EMPRESA COMO SE FOSSE SEU

Procure sempre pensar em novas formas de economizar o dinheiro da empresa e cuide da verba da companhia como se fosse sua.

Toda empresa tem interesse em realizar mais e gastar menos ao longo do processo. Procure expor ideias para baixar os custos, o que o tornará mais valioso para seu empregador.

Um encarregado da expedição da editora Bottom Line Inc., sediada em Connecticut, sugeriu que a editora avaliasse se era vantajoso diminuir o tamanho da página de um de seus livros na edição seguinte, a fim de pagar uma taxa mais baixa quando o livro fosse postado.

A folha foi diminuída e, desde o primeiro ano, houve uma economia de 500 mil dólares no custo postal! Marty Edelston, o presidente da editora, disse: "Eu trabalho com pedidos por correio há vinte e três anos e jamais soube que havia uma taxa postal mais barata, mas o funcionário que expedia os livros diariamente sabia!"

O profissional que se encarrega de uma tarefa tem mais condição de prever como realizá-la melhor e como economizar no processo. Ele sabe como a empresa pode economizar de outras formas também, ou como as coisas podem ser feitas com mais eficiência em toda a empresa.

Peça um segundo orçamento antes de fechar um contrato ou comprar material para o escritório. Verifique o custo-benefício de alugar *versus* comprar equipamentos. Sugira que o departamento tenha um serviço de bandejão para os funcionários em vez de pagar almoço para todos. Veja se algum funcionário está interessado em prestar serviços para a empresa fora do escritório. Pense se alguém da própria equipe não está com tempo livre para assumir um novo projeto. As possibilidades de fazer economia são infinitas.

FAÇA PERGUNTAS BOBAS

Não existem perguntas bobas, mesmo que elas pareçam na hora. A sua pergunta pode jamais ter sido feita, ou, se foi, talvez as condições tenham mudado e a ideia agora seja mais viável.

Certo dia, Elaine Crawford, secretária de uma empresa de vendas de salsicha por atacado, perguntou ao chefe: "Há alguma razão para nosso produto não ser vendido diretamente aos consumidores?"

Seu chefe, Ralph Stayer, disse que ela deveria desenvolver melhor aquela ideia. Em pouco tempo, Elaine estava gerenciando uma divisão de milhões de dólares em vendas diretas aos consumidores.

Certa vez, os gerentes da empresa em que eu trabalhava se reuniram para resolver se demitiam ou não um funcionário que não estava obtendo os resultados desejados. Durante a reunião, perguntei: "Essa pessoa foi avisada de que poderia perder o emprego se não melhorasse seu desempenho?"

Na verdade, o funcionário não tinha sido avisado, e o gerente do setor decidiu conversar com ele antes de demiti-lo. Ao estabelecer expectativas mais claras e as possíveis consequências do seu não cumprimento, a empresa, com certeza, evitou uma ação trabalhista.

Principalmente em tempos de crise ou mudança, é bom ficar atento, porque a forma como as coisas eram feitas no passado pode não ser a mais indicada para ações futuras. A melhor maneira de descobrir isso é fazendo perguntas.

Pergunte por que as coisas são feitas de determinada maneira. Pergunte o que acontece com o produto antes de ele chegar a você e para onde vai depois de passar pelas suas mãos. Pergunte aos seus clientes se eles valorizam os programas ou os serviços que estão sendo oferecidos e se estão dispostos a pagar mais por esses benefícios. Pergunte aos outros o que eles mudariam se pudessem fazer as coisas de outra forma. Pergunte ao seu gerente como agir para você se tornar um colaborador melhor.

TRANSFORME AS NECESSIDADES EM OPORTUNIDADES

Toda necessidade é uma oportunidade. Aprenda a ver as necessidades dos seus clientes e a pensar em como você poderia atendê-las. Aprenda a ver as necessidades da sua empresa e a considerar como elas poderiam ser resolvidas de forma criativa.

Uma empregada da Kacey's Fine Furniture, no Colorado, achava que o horário de atendimento da loja não permitia que clientes potenciais, que trabalhavam durante o dia, comprassem lá. Ela sugeriu que o horário fosse mudado e, depois que sua ideia foi implantada, as vendas aumentaram em 15%.

Os funcionários da maior fabricante e distribuidora de material de construção dos Estados Unidos, a Atlanta's Georgia-Pacific Corporation, transformaram um subproduto das suas serrarias em uma nova fonte de renda. Eles começaram a vender serragem como palha de cobertura em canteiros para proteger a raiz das plantas. Ao pesquisarem quem poderia precisar ou usar seu subproduto, acabaram criando um novo mercado para a companhia.

Trabalhei em uma empresa que tinha um estacionamento privativo pequeno. Os funcionários queriam que ela construísse uma nova área de estacionamento, embora o custo fosse de milhões de dólares. A gerência respondeu que não dispunha de orçamento para isso.

Ninguém pensou em formas alternativas de resolver o problema de estacionamento, como, por exemplo, incentivar o home office, criar turnos variados, fazer uma divisão de tarefas, um rodízio de carros ou contratar ônibus para levar os funcionários em casa ou até o estacionamento mais próximo. A questão poderia ter sido facilmente contornada se tivesse sido considerada sob diferentes perspectivas e se as possibilidades fossem exploradas de forma criativa.

Para cada necessidade, tente identificar três formas de atendê-la ou contorná-la e veja quem pode se beneficiar com a situação. Pergunte "e se" para examinar o que pode ser feito para resolver os problemas dos clientes.

PRECAUÇÃO: NÃO VIVA SE QUEIXANDO

Muitos profissionais reclamam dos seus empregos, dos gerentes e até mesmo dos clientes, e parecem não perceber que eles são em parte responsáveis por suas próprias circunstâncias. Só veem o lado negativo e se consideram sempre o elo mais fraco da corrente. Se alguma coisa sai errada, culpam a gerência ou outras pessoas da empresa por não lhes fornecerem recursos suficientes, avisos sobre mudanças e assim por diante. É como se eles fossem observadores passivos das suas próprias vidas.

A maioria das empresas está cheia de funcionários que nunca se sentem satisfeitos com suas circunstâncias. Esse tipo de profissional espera que a empresa e seus colegas de trabalho lhe deem mais do que eles se dispõem a dar a si próprios. Não seja um deles. Evite os que vivem se queixando para não ser contagiado pelos seus maus hábitos.

PREPARE-SE
Faça seu dever de casa

Sem preparação prévia, muito poucas ideias são convertidas em ações concretas. Sua preparação pode ser ampla ou específica. Você pode se dedicar a aprender mais detalhes sobre sua atividade ou sobre o funcionamento de outra área da empresa. Também pode fazer um plano mais direcionado, criar uma análise de custo-benefício ou uma apresentação on-line de uma ideia que deseja perseguir.

Ao acreditar que algo pode ser feito de forma diferente, você deve se preparar para colocar sua ideia em prática. Essa preparação pode começar com a discussão do assunto com os colegas de trabalho e incluir uma pesquisa detalhada, mostrando como situações semelhantes foram tratadas dentro e fora da sua empresa.

Quanto mais você pensa nos prós e contras, nos custos e benefícios e nos passos necessários para realizar sua ideia, maior a probabilidade de sucesso.

APRENDA PRIMEIRO O QUE VOCÊ NÃO SABE

No trabalho, concentre-se em aprender o que você não compreende, antes de tentar persuadir os outros a fazer o que você considera que tem que ser feito. Descubra o que eles sabem e minimize o que você não sabe.

Nosso impulso, assim que temos uma ideia, é tentar convencer as pessoas que nos cercam a aceitá-la, esperando que elas sejam receptivas e se impressionem com nosso brilho e perspicácia. Porém, é mais aconselhável tentar primeiro compreender por que as coisas são como são antes de querer mudá-las às cegas. Os conhecimentos que você adquire ao aprender por que as coisas são de determinada forma podem ajudá-lo a prever objeções à mudança das práticas correntes.

Uma certa corporação reuniu um grupo de trabalho para eliminar a burocracia desnecessária. A equipe obteve uma enorme lista de relatórios do Departamento de Serviços de Informação e eliminou mais de 10% deles. Os participantes do grupo se congratularam pelo sucesso do trabalho e pela economia feita para a empresa e, missão cumprida, separaram-se. Só que, tempos depois, todos os relatórios que foram eliminados tiveram de ser recuperados porque os funcionários reclamaram que não tinham as informações necessárias para seu trabalho.

Quando pensar em mudança, converse com os indivíduos que mais conhecem a forma corrente de fazer as coisas e peça a opinião deles sobre melhorias. Perguntando e incorporando esses conhecimentos, você aumentará as chances de obter apoio e de ter sucesso na sua atuação.

Entreviste as pessoas, faça perguntas aos colegas de trabalho, questione seus clientes sobre processos, procedimentos e história passada, até obter uma boa percepção do motivo pelo qual as coisas são assim. Ao longo do caminho, você verá e ouvirá o que precisa ser mudado e poderá testar as mudanças com pessoas mais experientes no assunto.

COLETE SEUS PRÓPRIOS DADOS

Em qualquer trabalho você pode fazer uma pesquisa simples para testar suas ideias e coletar dados para respaldar suas recomendações. Com que frequência uma máquina precisa ser reparada e quando deve ser realizada a manutenção? Quantas vezes um cliente solicita determinado serviço? Com que frequência você se empenha em um processo que poderia ser totalmente eliminado? Qual é o custo quando um pedido é "urgente"?

Um executivo que conheço ficou encarregado de uma área de produtos personalizados na qual nada ia bem. Passou horas entrevistando os clientes e preencheu sete páginas com os comentários negativos deles.

Apresentou suas constatações à equipe e desafiou os funcionários a encontrarem um indicador básico em que pudessem trabalhar para começar a melhorar o serviço. O grupo criou um projeto de entrega "a tempo", ou seja, dentro do prazo combinado. Nenhum atraso seria tolerado.

O primeiro projeto foi tratado como prioridade máxima. Deu tudo certo, ele foi terminado no prazo e o feito foi anunciado para todos os funcionários da empresa. A maioria fez chacota da situação e espalhou comentários maldosos como: "Finalmente, eles terminaram um projeto a tempo."

Mas a equipe se manteve firme em seu propósito e em breve cinco novos projetos foram terminados a tempo, depois dezessete, depois vinte e um, e assim por diante. As piadas pararam, e o pessoal de vendas, que tinha jurado que nunca trabalharia com o grupo, passou a contatá-lo a respeito de projetos em potencial.

Como resultado, o departamento deixou de ser uma área problemática e se tornou o ponto forte da empresa – além de uma significativa fonte de renda. Quinze meses depois, no último dia de trabalho desse executivo no departamento, o grupo tinha completado mil e setecentos projetos consecutivos! E dentro do prazo!

Uma equipe autogerenciada de operadores de furadeiras da Copeland Corporation, uma fábrica especializada em refrigeração e ar condicionado localizada em Ohio, estudou a possibilidade de usar uma broca de melhor qualidade para substituir a que estava causando problemas na produção. A pesquisa mostrou que uma broca que custava o dobro duraria três vezes mais, reduzindo o número de peças danificadas e o tempo ocioso da máquina.

Dados concretos são uma boa base para um aprimoramento sistemático. Monitorando as necessidades e os aspectos práticos do seu trabalho, você pode determinar quando faz sentido iniciar uma mudança, tendo a comprovação à mão para convencer os outros da sua ideia.

Busque, sistematicamente, dados relevantes sobre situações recorrentes: tempo gasto, desvios, pedidos especiais, andamento da produção *versus* meta, etc.

DESENVOLVA OPÇÕES E UM PLANO DE AÇÃO

Os melhores planos consideram uma variedade de opções e recomendam o curso de ação que melhor se adapte às circunstâncias.

Uma colaboradora de uma pequena empresa foi encarregada de desenvolver um plano para exposições comerciais, tarefa que ela nunca tinha feito. A moça entrevistou o presidente e a equipe de vendas para ver com que tipo de evento eles achavam que a empresa deveria se envolver. Tomando como base o orçamento disponível e o tempo que seria despendido fora do escritório, ela selecionou um número de feiras comerciais. Armada dessas informações, desenvolveu critérios para o tamanho, o tipo e a localização geográfica, depois entrou na internet para explorar as possibilidades.

Criou uma lista de possíveis exposições comerciais, buscou informações adicionais que poderiam ser necessárias, classificou a lista de acordo com os critérios preestabelecidos e apresentou suas conclusões e recomendações. Depois da identificação das feiras e exposições que mais se adequavam ao perfil da empresa, ela começou a criar uma lista com tudo que deveria ser feito para tornar a participação da empresa um sucesso. Ela se comunicou o tempo todo com aqueles que tinham um papel ou um interesse direto nos planos.

Já os funcionários da US Airways entraram em ação ao serem avisados de que a empresa planejava encerrar suas operações de manutenção na Carolina do Norte, demitindo mil e trezentas pessoas. Para contornar a situação, eles desenvolveram e apresentaram uma proposta alternativa para a gerência: transferir as operações de manutenção de outras partes do país para suas instalações, o que ajudaria a empresa a aumentar sua eficiência e ao mesmo tempo conservar os colaboradores.

Procure novas possibilidades e combinações. Considere formas diferentes para atingir a mesma meta. Envolva outras pessoas nas suas ideias para poder contar com o seu apoio e potencial de ação.

Pesquise as possibilidades, desenvolva critérios para avaliar as soluções aceitáveis, escolha a melhor alternativa e examine os detalhes de um plano para chegar à melhor solução.

JOGUE AREIA NO SEU PRÓPRIO PLANO

Você provavelmente já ouviu o ditado: "O diabo está nos detalhes." Durante anos ouvi essa expressão, mas só fui entender o seu significado quando me tornei orador profissional.

Como apresentador, aprendi que qualquer coisa que pudesse dar errado acabava dando mesmo: sala errada, data errada, equipamento que não funcionava, falta de controle da temperatura ou da iluminação, folhetos incorretos ou em quantidade insuficiente. Aprendi com a experiência que são exatamente os detalhes que você não verifica que dão errado! Hoje faço questão de chegar bem antes do tempo em qualquer apresentação para poder verificar tudo.

Na Intel, a gerência permite que qualquer colaborador faça objeção ou apresente alternativas a uma ideia ou decisão, por meio de uma filosofia que eles chamam de "honestidade intelectual". Os colaboradores são encorajados a debater ideias e ações nas quais não acreditam. Esse processo tende a tornar a decisão ou a ação final mais forte e mais eficaz.

Se você tiver uma proposta para apresentar à gerência, pense em todos os passos e consequências dessa proposta. Que recursos serão necessários? Quanto tempo vai levar? Por que o grupo não deve deixar para depois? Quem mais na empresa será afetado com a mudança resultante disso? Que perguntas e objeções previsíveis serão feitas? O que é mais provável que saia errado?

De início você precisará olhar para trás a fim de se preparar bem, mas, quando chegar perto da implantação da ideia, deverá olhar para a frente, pensar nos problemas e antecipar-se a eles. Quanto mais pensar na sua ideia, melhor poderá ver o que precisa ser feito para que ela aconteça. Se não conseguir pensar em nenhum problema ou objeção que possa ocorrer, pode ter certeza de que há ainda muito trabalho esperando por você!

ENTENDA QUE NEM TODOS COMPRARÃO SUAS IDEIAS

Muitos profissionais acham que uma boa ideia será adotada de forma quase mágica em qualquer empresa. Mas isso raramente acontece. Na verdade, é mais provável que aconteça o contrário: ninguém terá a energia que você tem para suas próprias ideias.

Portanto, é você quem terá de criar a energia e buscar o apoio para suas ideias, expondo-as, pedindo opiniões e envolvendo os outros.

Há muitos anos, John Patrick, um colaborador da IBM em Nova York, acreditava que a internet seria o futuro da computação. Ele escreveu um memorando internacional conclamando todos os funcionários da IBM a "ficarem ligados". Com isso, identificou um número de princípios que iriam reformular a indústria e comprovar sua teoria.

O memorando foi notado graças ao árduo trabalho de Patrick. Num primeiro momento, as pessoas não deram muita importância. Mas, anos depois, quando a IBM criou uma divisão de seiscentas pessoas para definir as iniciativas da empresa para a internet, ele foi nomeado vice-presidente do departamento de tecnologia.

Um funcionário da expedição de um armazém sabia que na sua empresa o atendimento aos consumidores era considerado prioritário, porém as pessoas da expedição só ouviam falar dos clientes quando havia alguma reclamação: uma entrega tinha sido danificada, algo estava faltando ou tinha chegado com atraso.

Ele queria mudar isso, mas não sabia bem como. Achou que o departamento de expedição ficaria mais motivado se ouvisse também elogios dos clientes, declarações de que estavam satisfeitos com as embalagens, a eficiência e a rapidez na entrega das mercadorias. Quando expôs essa ideia ao seu supervisor, ele disse: "Já temos muito que fazer no momento, não precisamos arranjar mais reclamações."

Sem desanimar, ele continuou a expor sua ideia para os colegas até que um dia viu uma funcionária do departamento de marketing na lanchonete. Sentou-se ao seu lado e perguntou se ela poderia criar algum tipo de cartão-resposta para ser inserido em cada expedição. A funcionária de marketing disse que, se ele lhe mandasse o texto, ela se encarregaria do resto. Na semana seguinte ele levou o cartão para o supervisor da expedição e perguntou se poderia usá-lo em todos os pedidos durante uma semana. A resposta dos clientes e a reação do departamento foram tão positivas que foi criado um cartão-resposta comercial que é hoje incluído em todas as expedições.

Olhe em volta e defina o que precisa ser feito. Depois peça ajuda dos outros e agradeça a assistência. Faça com que suas ideias sejam consideradas ideias *deles*.

PRECAUÇÃO: NÃO FAÇA BRINCADEIRAS NO TRABALHO

Não faça brincadeiras no trabalho, nem fofocas, politicagem ou intrigas. Ponha todo o seu empenho no trabalho. Enquanto os outros fazem brincadeiras, concentre-se no seu próprio trabalho e nas suas metas.

Quando você ouve falar alguma coisa sobre seus colegas, lembre-se dessas perguntas básicas: "Isso é verdade?", "Isso é gentil?", "Isso é necessário?".

Seja conhecido como uma pessoa positiva. Fazer o que precisa ser feito inclui advogar pela causa daqueles com quem e para quem você trabalha. Não se apegue ao negativo, seja sempre positivo e de mente aberta.

ENTRE EM AÇÃO
Faça alguma coisa diferente agora

É claro que você gostaria de ter feito sua preparação com cuidado, mas, em última instância, a essência da iniciativa é entrar em ação, fazer alguma coisa diferente agora.

Ninguém terá a mesma energia que você com relação às suas próprias ideias, portanto você terá de defendê-las para que elas se tornem realidade por meio de suas ações. Trabalhe dentro do sistema da melhor forma possível e, se precisar quebrar a hierarquia para apresentar uma ideia, examine seus motivos para fazer isso. Se você estiver agindo em defesa dos interesses da empresa e não em busca de crédito ou ganho pessoal, essa abordagem talvez faça sentido.

Mesmo que você cometa um erro, pode aprender com ele e tentar de novo, aumentando suas chances de sucesso no final do processo.

EXPRESSE SUA OPINIÃO PARA TER INFLUÊNCIA!

Nós todos já participamos de reuniões sem graça e monótonas, que não levam a nada. Nessas situações, tendemos a pensar: "Não é a *minha* reunião. Eu gostaria que o gerente fizesse alguma coisa!" Nós nos sentimos como um estudante em uma sala de aula, com vergonha de nos expressarmos, achando que não é a hora nem o lugar certo. Porém, nada pode estar mais longe da verdade!

Em uma reunião usei uma abordagem diferente e disse: "Talvez seja impressão minha, mas já não falamos sobre isso antes? Seria melhor fazermos uma votação sobre o assunto para continuar em frente."

Para minha surpresa, muitos outros participantes concordaram rapidamente comigo e todos pareceram aliviados com a intervenção. A reunião, que parecia "encalhada" num mesmo assunto, ganhou de repente uma energia e um impulso novos.

Em uma reunião seja um participante ativo. Se tiver uma ideia, uma observação ou uma pergunta, ponha para fora! Não espere que os outros saibam o que está passando pela sua cabeça. Ajude a equipe da melhor forma que puder: resumindo, mantendo o ritmo, persuadindo os outros a falar, buscando itens já combinados e assim por diante. Quanto mais engajado você estiver, mais capaz será de aproveitar o seu tempo e o tempo dos outros.

OFEREÇA-SE PARA TAREFAS DIFÍCEIS

Seja voluntário para tarefas, projetos ou responsabilidades adicionais. Quando surgir um problema, diga logo que quer tentar encontrar a solução. Se puder acrescentar algum valor a uma força de trabalho, junte-se a ela. Se tiver uma chance de assumir mais responsabilidades, tente sempre aceitar o desafio e, nesse processo, amplie seus conhecimentos e horizontes. Conheço profissionais que se puseram à disposição para criar o website da sua empresa e, quando a área se tornou mais importante para a companhia, eles foram convidados a dirigi-la.

Dê um passo à frente para assumir um encargo que não entusiasma seu gerente: participar de uma reunião, substituí-lo em uma apresentação, examinar currículos ou fazer uma viagem de negócios, por exemplo.

Quando um cliente fizer um pedido que você nunca ouviu antes, não se esconda por trás da política da empresa, focando o que *não pode* fazer. Concentre sua energia no que *pode* fazer para ajudar o cliente.

Ouça com atenção, explore a situação e sugira uma alternativa. Corra um risco calculado, se necessário, para fazer o que talvez nunca tenha sido feito para ajudar um cliente. Não só ele provavelmente voltará, como poderá, por sua vez, dividir essa experiência positiva com os outros.

Seja uma pessoa que atrai a atenção dos outros, assuma desafios e faça as coisas. Use as oportunidades, ofereça ajuda ou uma sugestão oportuna, faça um plano e coloque-o em prática. Busque ajuda e recrute outras pessoas quando necessário para o trabalho. Dê o primeiro passo, siga em frente e termine o que se propôs a fazer.

ENFRENTE OS DESAFIOS COM CRIATIVIDADE

Muitas vezes, um projeto, uma tarefa ou uma responsabilidade podem parecer a princípio praticamente impossíveis, mas, à medida que você se aprofunda e explora as possibilidades, vai se surpreendendo com o que consegue.

Alguns profissionais (e empresas) se superam e alcançam enorme sucesso quando enfrentam um desafio aparentemente sem solução. Na Johnsville Food, a direção ia deixar de atender um cliente porque seu pedido exigia que a fábrica aumentasse a capacidade de produção em um curto período. Os gerentes resolveram então dividir o problema com todos os colaboradores. Várias equipes foram formadas para pesquisar soluções possíveis e chegar a um plano de produção dentro do prazo. Resultado: a empresa atingiu um novo recorde de produção em menos tempo do que o previsto porque todos trabalharam juntos para enfrentar o desafio.

Quando o escritório da Amy's Ice Cream esgotou seus formulários de proposta de emprego durante o processo de seleção, um funcionário de recursos humanos entregou a cada candidato restante uma sacola vazia com instruções para que a usasse de alguma forma criativa. Na busca por uma solução, os candidatos tiveram a oportunidade de demonstrar sua criatividade e de divertir os outros – importantes atributos para a empresa. As sacolas se tornaram uma parte integrante do processo de entrevista.

Nada pode ser conquistado quando você foca apenas o motivo por que algo não pode ser feito. É preciso se concentrar no que pode ser feito e como você poderá fazer isso. Tente combinações e estratégias diferentes. Use uma nova técnica para solucionar velhas pendências, criando um plano no qual vários problemas e soluções poderão ser trabalhados.

Prenda na parede do refeitório um bloco com folhas destacáveis e, na folha de cima, apresente um problema e peça ideias e soluções para todos os que estiverem interessados em responder.

PROCURE O LADO POSITIVO DOS PROBLEMAS

Todo problema tem um lado positivo e nos dá oportunidade de brilhar.

Ao se deparar com um problema no seu trabalho, não o veja imediatamente como um ponto negativo nem peça que seu gerente ou outros colegas o resolvam. Determine o seu impacto, considere por que ele surgiu e se é um problema recorrente. Examine as circunstâncias que levaram ao problema e como elas podem mudar ao longo do tempo. Pense na possibilidade de o problema piorar ou melhorar no futuro. Depois pense em como você pode transformar essa situação em uma oportunidade positiva.

A Machinery Services Corporation, em Nova Jersey, esgotou seu estoque de parafusos em U de aço inoxidável antes do prazo esperado. O problema da empresa foi uma boa notícia para o vendedor da fornecedora de parafusos, a Fastenal. Ele viu que tinha uma boa oportunidade de aproveitar a situação a seu favor. Keith Greaves, que trabalha na filial de Nova Jersey, saiu de casa às duas horas da madrugada e dirigiu até a sede da fornecedora, na Pensilvânia. Às seis e meia, ele entregou pessoalmente os parafusos em U de que a Machinery Services precisava. O cliente ficou encantado, o que resultou em mais negócios para a empresa. A partir daí o cliente manteve-se muito mais leal ao fornecedor.

Por engano, uma agência governamental da Nova Zelândia imprimiu vários folhetos com um número para ligação grátis errado e distribuiu o material informativo por todo o país. O resultado foi um mar de telefonemas confusos para a CLEAR Communications, dona do número incorreto. Um vendedor inteligente encontrou uma forma de transformar o problema em oportunidade: ligou para a agência governamental e lhes vendeu a linha do telefone, o que não só solucionou o problema para as duas partes como transformou um erro num bom negócio.

Procure o lado positivo em soluções negativas. Afaste-se um pouco para olhar melhor a situação ou faça uma avaliação a longo prazo para ganhar perspectiva. Pense em soluções alternativas, avalie cada uma delas, estabeleça o melhor curso de ação e decida que parte dessa solução você poderia implantar.

FAÇA AS COISAS ACONTECEREM

Seja uma pessoa de ação! Não analise demais as situações, faça uma avaliação rápida das coisas e aja. Dessa forma, você conseguirá realizar mais e desenvolver sua habilidade e critério para ações futuras.

Quando Gail Seto começou a trabalhar como gerente-assistente da Gap, em Toronto, Canadá, ela notou que a política-padrão e o manual de procedimentos da empresa não abordavam metade dos problemas que surgiam no dia a dia da loja. Por iniciativa própria, Gail preparou um manual conciso de treinamento para ser usado como guia para o gerenciamento da Gap. Mais tarde, esse manual foi adaptado para as lojas Gap de todo o Canadá. Daí em diante a direção passou a incumbir Gail de outras tarefas e logo depois ela foi promovida.

Kathleen Betts, mãe de dois filhos, que trabalhava no governo do estado de Massachusetts, estava preocupada com uma possível demissão. Usando apenas seu tempo livre, Betts examinou as regras do Medicaid, o serviço médico do estado, e as diretrizes do Departamento Federal de Serviços Humanos. Ela descobriu uma brecha na contabilidade que permitia que o estado fosse reembolsado a uma taxa muito mais alta do que a que costumava receber, conseguindo para eles um ganho de 489 milhões de dólares. Betts recebeu uma recompensa de 10 mil dólares em dinheiro por sua iniciativa e seu trabalho, além de um agradecimento do governador.

Uma funcionária que se considera uma pessoa de iniciativa descreve da seguinte maneira a sua filosofia de trabalho: "Eu me comprometo internamente com as mudanças. O que significa que tento pensar nas consequências que minhas ações e políticas terão a longo prazo. Faço lobby a favor de ideias que considero vantajosas para a empresa. Meu gerente me vê como uma pessoa que expressa sua opinião, faz perguntas e apresenta sugestões. Isso não faz parte das atribuições oficiais do meu cargo, mas me sinto mais motivada assim."

Tome iniciativa. Não espere que a direção da empresa saiba tudo o que não está dando certo e faça alguma coisa para solucionar o problema. Raramente isso acontece. E, à medida que o negócio vai passando por mudanças, a gerência terá menos condições de saber o que é preciso fazer. Portanto, esperar que os superiores assumam os problemas é facilitar o desastre e arriscar perder o cliente, seu emprego ou até mesmo o próprio negócio.

PRECAUÇÃO: ASSUMA A RESPONSABILIDADE POR SUAS AÇÕES (E INAÇÕES)

Assuma a responsabilidade por suas ações e também por suas inações. Considere-se responsável pelo seu próprio padrão – e que seja um padrão *mais alto* do que o das pessoas à sua volta. Leve suas obrigações a sério, mas se trate com leveza. Admita seus erros quando cometê-los e pense no que aprendeu com eles.

Olhe-se no espelho e faça as seguintes perguntas: "Eu fiz o que disse que faria quando disse que faria?", "Eu ouvi os conselhos dos meus colegas?", "Eu avaliei todos os fatos, os prós e os contras?", "Eu estava aberto para sugestões?", "Eu fiz o melhor trabalho possível?".

Faça as coisas sem ter de ser lembrado e seja o mais rigoroso crítico de si mesmo ao avaliar o que fez. Deixe seu supervisor sempre a par do andamento do seu trabalho.

Por exemplo, antes de terminar uma tarefa, forneça um relatório temporário da situação com recomendações experimentais, a fim de avaliar as reações e preocupações da gerência.

Seja uma pessoa de palavra e proponha-se a cumprir sempre seus compromissos. Se mudar o compromisso ou plano assumido, verifique se a outra parte está de acordo.

SEJA PERSEVERANTE
Não desista facilmente

Depois que você identificar ideias e oportunidades que fazem a diferença, pesquisar as melhores estratégias e entrar em ação, talvez ainda encontre alguns obstáculos. A forma como você lida com esses obstáculos pode determinar seu sucesso final e mostrar a diferença entre uma pessoa que apenas aponta problemas e apresenta ideias e outra que é capaz de fazer as coisas acontecerem, de resolver problemas e trabalhar em cima de ideias e oportunidades.

Aqueles que tomam iniciativa têm uma crença no seu trabalho e uma paixão por suas ideias que os leva adiante. Independentemente de contratempos ou obstáculos, eles fazem com que suas ideias aconteçam. E nunca desistem de uma coisa na qual acreditam de verdade.

REORGANIZE-SE QUANDO SUAS IDEIAS ENCONTRAREM RESISTÊNCIA

Não desanime se sua ideia esbarrar em um obstáculo ou encontrar resistência. Pare, reavalie suas opções e encontre outra forma de levar adiante a ideia na qual acredita.

Dina Campion, funcionária da Starbucks, em Santa Monica, Califórnia, incluiu no cardápio um café gelado que achou que agradaria aos clientes. Mas a bebida, batizada como "frappuccino", não foi autorizada pela empresa e lhe disseram para não vendê-la na Starbucks onde ela trabalhava.

Sem se deixar intimidar, ela continuou a vender a bebida aos clientes e entregou um relatório com as vendas do mês, mostrando que o frappuccino era muito popular entre seus clientes.

Mais tarde ela recebeu um telefonema de Howard Schultz, o CEO da Starbucks, agradecendo por ela ter ignorado sua ordem. O frappuccino tornou-se um sucesso nacional e rendeu à empresa 100 milhões de dólares só no seu primeiro ano.

É claro que desobedecer abertamente às ordens da diretoria não deve se tornar um hábito, mas em alguns casos, se você realmente acredita que um certo curso de ação pode tornar a empresa melhor ou mais bem-sucedida, talvez faça sentido perseverar na sua ideia, sabendo que está correndo o risco de ser repreendido ou até mesmo de perder seu emprego.

Se uma ideia não der certo, reavalie a situação. Pense em novas possibilidades. Seja positivo. Passe a ideia para seus colegas e peça-lhes que o ajudem a reconsiderá-la. Verifique suas anotações para determinar que outros recursos seriam necessários para colocar sua ideia em prática e qual seria a economia potencial para a empresa se ela fosse implantada. Reapresente sua ideia com um novo plano para implantá-la.

NÃO ABUSE DA PORTA ABERTA DO SEU SUPERVISOR

Respeite o tempo do seu supervisor e não abuse do seu acesso a ele.

A maioria dos gerentes de hoje sabe que seus colaboradores esperam que ele seja acessível e que os incentive, mesmo que não sinta vontade. Seja o profissional que escolhe a hora mais adequada para causar impacto no seu gerente e prepare-se bem para o momento em que vocês forem se encontrar.

Josiah, um especialista em financiamento imobiliário de um banco, queria que a empresa adotasse um sistema de horário flexível. Embora já tivesse ouvido sua ideia, a gerência não estava interessada em implantá-la.

Quando um novo presidente entrou na empresa, Josiah aproveitou a oportunidade para propor seu programa de flexibilidade de horário. O novo presidente concordou. Logo depois, vários funcionários do departamento mudaram seu horário de trabalho e a produtividade aumentou consideravelmente.

É preciso escolher até mesmo a melhor hora

do dia ou da semana para lançar determinada ideia ou pedir permissão para entrar em ação. Por exemplo, se seu gerente tiver o hábito de dar telefonemas e responder e-mails de manhã, não o interrompa para falar sobre uma ideia que você teve. Respeite a rotina dele e pergunte qual seria a melhor hora para vocês conversarem.

Seu supervisor já tem muito o que fazer, não precisa que lhe deem mais trabalho. Se você tiver um problema, tente primeiro resolvê-lo por conta própria. Se precisar envolver seu gerente, respeite o tempo dele, como gostaria que seu próprio tempo fosse respeitado. Ao lidar com seus superiores, apresente sempre recomendações para ação, soluções alternativas ou um plano para resolução.

PERSISTA QUANDO SURGIREM OBSTÁCULOS

A forma segura de conseguir fazer as coisas é manter o foco sempre na conclusão, isto é, superar as diferenças e os obstáculos que detêm a maioria das pessoas.

Madelon Kuhn, da 1-800-FLOWERS, com sede em Nova York, é uma funcionária persistente e não desanima nem mesmo diante das encomendas mais difíceis. Em uma ocasião, um cliente pediu que um arranjo fosse enviado para a ilha Johnston, no Havaí. O único problema era que ninguém jamais tinha ouvido falar nessa ilha, muito menos tentado mandar flores para lá.

Porém, Madelon não se intimidou e começou a tomar, uma a uma, as providências necessárias. Primeiro identificou a localidade específica (ilhas Christmas) com a ajuda da Força Aérea (pois ela só tinha um endereço telegráfico). Depois avaliou as opções de entrega de flores mais próximas e, finalmente, conseguiu que um florista solicitasse que a Air Macedonia fizesse a entrega na ilha.

Já o engenheiro da Hewlett-Packard Charles House recebeu uma reprimenda por "extraordinário desacato e desobediência às atribuições normais da engenharia" porque ignorou uma ordem do fundador da empresa, David Packard, de parar os trabalhos de produção de um tipo de monitor de vídeo de alta qualidade. Apesar da reprimenda, House continuou com o trabalho e conseguiu desenvolver o monitor, que tem sido usado em transplantes de coração e no rastreamento dos desembarques tripulados da NASA na Lua.

Seja a pessoa que supera obstáculos e enfrenta os desafios, que não recua diante da adversidade. Se o custo tornar uma ação proibitiva, procure formas de atingir sua meta sem uma verba orçamentária ou com fontes alternativas de recursos. Se um colega de trabalho tiver a reputação de ser difícil, proponha-se a conquistá-lo e a ter ótimas relações profissionais com ele. Se a equipe da qual você faz parte achar que não há jeito de cumprir um prazo importante, concentre-se no que precisaria acontecer para que o prazo fosse cumprido e não na razão da impossibilidade do seu cumprimento.

FAÇA A MESMA COISA DE FORMA DIFERENTE

Se uma abordagem não funcionar, continue com sua meta, mas tente algo diferente.

Meu trabalho consiste em ajudar gerentes e empresas a aprimorar suas formas de reconhecer o trabalho dos colaboradores e motivá-los. Um desafio que surge constantemente é persuadir um alto gerente a apoiar uma iniciativa de reconhecimento.

A resposta a esse desafio varia, dependendo de vários fatores, e o principal é como encontrar a melhor maneira de convencer esses altos gerentes. Se eles precisarem de pesquisas, ofereça-lhes isso. Se quiserem uma análise de custo-benefício, faça a análise. Se um projeto-piloto interno for útil para demonstrar que uma ideia é viável, considere fazê-lo (e escolha um que provavelmente será positivo, com resultados desejados!).

Examine outras iniciativas de sucesso que tenham ocorrido na empresa no passado e avalie como esses processos foram aprovados e completados. Foi criada uma força de trabalho para recomendar soluções para um problema urgente? Foi necessário transferir verba de outros orçamentos? O projeto era ligado a uma iniciativa já existente que foi ampliada? A iniciativa teve o patrocínio da direção da empresa? Outras iniciativas podem servir de exemplo para o sucesso de sua ideia.

Cada pessoa é persuadida de forma diferente, portanto sua abordagem também pode variar. Uma técnica ou abordagem talvez não funcione em todas as circunstâncias, por isso, quanto mais variações você usar para atingir sua meta, maior a probabilidade de atingi-la.

Eu vi projetos, de início sem apoio, serem acelerados quando foram ligados a um assunto de interesse ou a um valor corporativo, por exemplo, ou quando houve uma apresentação (e apelo) pessoal ao diretor de uma divisão ou ao presidente da empresa.

Se a princípio uma ideia que você acha que tem mérito não é aceita, espere uma ocasião melhor e circunstâncias diferentes para apresentá-la. Nesse meio-tempo, desenvolva os detalhes e consiga o apoio para implantar a mudança, veja o que outras empresas estão fazendo e prepare-se para uma época de maior sucesso.

APRENDA A GOSTAR DE COISAS QUE OS OUTROS DETESTAM FAZER

Ser bom no que você faz e gostar de fazer coisas que os outros detestam lhe dará muitas oportunidades de ser um herói no trabalho.

Essa atitude inclui desde preparar atas de reuniões da equipe até fazer apresentações ou lidar com um cliente difícil. Tudo isso vai valorizar sua contribuição ao grupo e o ajudará a ganhar a admiração dos colegas e o respeito de seus superiores.

Tomar notas para o grupo em uma reunião é um bom exemplo. Poucas pessoas gostam de preparar atas de uma reunião, porém esse encargo é importante para ajudar a equipe a organizar seu trabalho. É, portanto, uma tarefa útil a ser assumida e oferece uma oportunidade de ampliar os itens de interesse especial para você e ajudar a elaborar as ações de acompanhamento que são necessárias.

Examinar currículos e propostas de emprego é outra tarefa que parece monótona, mas pode lhe dar uma ideia das contratações em potencial. Se você trabalha em vendas, precisa gostar de conversar com os clientes e de fazer trabalho burocrático. Para qualquer um, uma mesa ou qualquer outro lugar de trabalho bem organizado será sempre um trunfo.

Preste atenção na pessoa a quem você se reporta e ofereça-se para assumir as tarefas que ela detesta fazer. Você deve se interessar também por orçamento, compras e outras oportunidades para aprender, crescer e ganhar visibilidade na empresa.

PRECAUÇÃO: EVITE O "JOGO DA CULPA"

A maioria dos profissionais apenas segue ordens e, quando surge um problema, transfere a responsabilidade rapidamente aos seus gerentes ou à política da empresa.

Quando desafiados a entrar em ação, são especialistas no "jogo da culpa", isto é, culpam todos e tudo à sua volta pelo problema surgido. Chegam a culpar às vezes até os clientes. Isso não ajuda em nada a situação, e a energia negativa gerada torna as coisas ainda piores.

Tente se perguntar o seguinte: "O que eu poderia ter feito para evitar esse problema?", "O que podemos aprender com essa situação?" e "Como podemos melhorar as coisas que estão em curso?".

Seja positivo quando se deparar com situações negativas e pessoas negativas. Tenha um comportamento exemplar. Olhe para o futuro e decida qual o melhor curso de ação a ser tomado dadas as circunstâncias.

Desculpas são a primeira defesa do inseguro. Culpar as circunstâncias em geral leva a culpar os outros. Preste atenção quando estiver dando uma desculpa. Pare, mude seu foco e pense no que pode ser feito para corrigir a situação o mais rápido possível. Seja positivo e tenha sempre um olho no futuro.

4
PREOCUPAÇÕES COMUNS

O QUE NOS PUXA PARA TRÁS

Fazer o que tem que ser feito sem esperar que te peçam envolve correr riscos. A maioria das pessoas que conheci é avessa a riscos, prefere ficar do lado seguro. Acho que tendemos a não tomar iniciativa por *medo*, *frustração* ou *fracasso*. A discussão seguinte oferece algumas ideias para superar cada uma dessas preocupações.

ME

DO

"EU PODERIA COMETER UM ERRO"

E eu espero que cometa! Muitos, aliás! Você pode aprender bastante com seus erros e, se nunca cometeu nenhum, é porque talvez ainda tenha muita coisa a aprender. Os erros podem ajudá-lo a se tornar mais forte e capaz de produzir mais.

É claro que ninguém gosta de parecer que está errado ou de passar por idiota, mas as pessoas que têm intenções sinceras raramente são acusadas se agirem visando aos interesses da organização.

Qual é o risco de tentar uma coisa nova? Algum tempo, algum esforço, alguns obstáculos e possivelmente alguma rejeição. Qual é o risco de não tentar? Uma perda de potencial, para a situação, para si próprio e para a empresa.

Enfrente seus medos. Pergunte-se qual seria a pior coisa que poderia acontecer, depois tente minimizar essa possibilidade.

Todo mundo tem medo de fracassar, mas as pessoas de sucesso aprendem a transferir seus medos para as ações que vão aumentar suas chances de sucesso. Nós todos temos de expandir nossos limites para crescer. Se o seu medo de cometer erros não o deixar tentar, aprender e crescer, em última instância você perderá de qualquer forma.

Em vez de se lamentar, você pode se concentrar no que aprendeu com seus erros. E até mesmo nas piores situações há sempre alguma coisa positiva.

"O QUE TEM QUE SER FEITO NÃO É FÁCIL"

Se alguma coisa fosse fácil de fazer, provavelmente teria sido feita há muito tempo por outra pessoa. Prepare-se para enfrentar resistência, pois assim não ficará decepcionado. Poucas ideias novas são aceitas com grande entusiasmo. Afinal de contas, se a ideia é tão boa assim, por que não foi executada há dois anos?

Esforce-se para tornar sua ideia realizável. Faça alguma coisa diferente para seguir a direção desejada. Avalie o que parece funcionar melhor, o que parece funcionar pior e o que parece não fazer diferença. Faça mais daquilo que parece funcionar. Alavanque seus sucessos para fazer mais progresso no seu percurso.

Lembre-se também de que as coisas não têm que ser feitas de imediato. Você pode ter uma ideia, conversar sobre ela com outras pessoas, fazer uma lista, examinar alguns itens a serem explorados e apresentar uma proposta simples para a gerência. Em outras palavras, torne a coisa difícil mais fácil, dividindo-a em tarefas menores e realizáveis.

"TENHO MEDO DE SER DEMITIDO"

Ninguém quer ser despedido, é claro, mas há coisas piores que uma demissão (embora você possa não pensar assim na hora!).

Mais amedrontador que ser despedido é a possibilidade de você perder o controle da sua vida e ficar preso em um emprego que detesta. Tenha mais medo de não estar vivo, de ser condescendente e de viver a vida segundo os moldes de outra pessoa.

Tenho um amigo que, no seu primeiro emprego, fez economia para poder se sustentar durante três meses sem trabalhar só para se sentir com direito de sair de um emprego que, eventualmente, não estivesse lhe acrescentando nada.

Sentimos uma falsa segurança quando nos acostumamos a receber nosso contracheque. Mas, se você não estiver sempre aprendendo, crescendo e tentando fazer o melhor, provavelmente acabará perdendo seu emprego.

Se você desenvolveu suas qualificações e capacidade de marketing no emprego atual, encontrar outro trabalho quando e se precisar será muito menos penoso que o medo que o paralisa quando pensa em correr riscos.

A melhor defesa contra a possibilidade de alguém ficar descontente com o seu trabalho é ter certeza de que sua atuação é relevante e importante para as necessidades do seu gestor, do departamento e da empresa.

FRUST

RAÇÃO

"NÃO TENHO AUTORIDADE"

Raramente alguém tem autoridade suficiente para entrar em ação a fim de melhorar as coisas no trabalho por conta própria. A melhor autoridade hoje não é a autoridade formal do cargo, mas a adquirida com os sucessos do passado e com a capacidade de influenciar os outros a fazer as coisas.

A autoridade é mais bem assumida do que concedida. À medida que você assume autoridade para perseguir os interesses da empresa, terá mais abertura para tomar iniciativas ainda maiores.

Você pode assumir autoridade em níveis diferentes, com crescentes graus de risco. Pode pedir permissão de antemão, pode agir e depois pedir permissão, ou pode agir e não pedir permissão. É claro que manter seu gerente informado será sempre a melhor política. Ninguém gosta de surpresas desagradáveis.

Quanto mais autoridade você assume e gerencia para o bem da empresa, mais fácil será ganhar a aprovação pelas ações futuras que tomar. Quanto mais você faz, mais capacidade terá de fazer.

"NÃO TENHO APOIO"

É raro haver um gerente que apoie abertamente tudo o que você quer fazer. Você tem que ganhar o seu apoio ao longo do tempo, com suas ações.

Talvez o seu gerente o tenha criticado no passado quando você tomou uma iniciativa. Embora isso deixe qualquer um irritado e desprotegido, não se desespere. Ajude seu gerente a valorizar o que você quer fazer. Faça-o acreditar que você pode obter bons resultados com seu plano, preparação e persistência, e que nesse processo ele e o departamento sairão ganhando.

Conquiste o apoio dos colegas de trabalho, de preferência dentro dos sistemas, processos e procedimentos existentes.

Pode parecer difícil entrar em ação para melhorar as coisas se o seu gerente estiver "microgerenciando seu trabalho", isto é, concentrando-se nos detalhes e lhe dando pouca abertura para pensar e agir com independência. Para mudar essa situação, tente primeiro compreender por que seu gerente é assim. Será que ele lida com todo mundo dessa forma?

Será que tem relação com seu trabalho ou com o humor em que ele se encontra? Fale com ele que gostaria de melhorar essa situação e de ter mais liberdade de ação.

Muitas vezes os colaboradores não percebem que as ações do seu gestor são uma resposta às suas próprias ações anteriores. Afinal, se você nunca mostrou iniciativa para fazer as coisas direito, será que pode esperar que seu gerente acredite que vai fazê-las no futuro?

"NÃO TENHO HABILIDADES"

A maioria das habilidades é desenvolvida no próprio trabalho. Essas habilidades vão da eficácia pessoal à competência técnica e à capacidade de trabalhar bem em equipe. Faça planos de desenvolver de forma sistemática as qualificações de que você precisa para ter sucesso.

Verifique que cursos e programas de treinamento – se houver – estão disponíveis na sua empresa: línguas, conhecimentos de informática, entre outros. Se não houver nenhum, veja se a empresa lhe dá permissão para sair alguns dias mais cedo a fim de fazer uma pós-graduação ou participar de um seminário que possa ajudá-lo a melhorar no trabalho.

Você nunca terá essas habilidades se não procurar desenvolvê-las. Como na maioria dos casos, quanto mais você faz, mais fácil fica. Inclua um pouco de experimentação no seu trabalho. Ao explorar novas formas de atuação, seu trabalho se tornará mais interessante.

FRAC

ASSO

"TOMEI INICIATIVA UMA VEZ E COMETI UM ERRO"

Muitas vezes é difícil perceber a força que advém do fracasso – especialmente na hora –, mas o fracasso pode tornar você mais forte, se souber aprender com ele.

Aprender não significa ficar repetindo para si mesmo: "Nunca mais vou entrar em uma situação assim!" O que você deve se perguntar é o seguinte: "O que devo fazer de diferente da próxima vez?", "Quem eu chamaria para me ajudar?", "Que outra abordagem teria me ajudado a superar os obstáculos que enfrentei?".

Não há problema em cometer erros, mas é preciso aprender com eles. Pense com cuidado no que deu errado e pergunte (a si mesmo e aos outros) o que você poderia ter feito de diferente para evitar o erro. Tenha um plano pronto caso a mesma situação ou circunstância ocorra outra vez.

Quando discutir o problema com os outros, esteja aberto para as suas sugestões e feedback. Agradeça por terem lhe dado de presente esse retorno. Não é preciso fazer tudo o que os outros sugerem, mas ter alguém que o ajude a avaliar e a repensar suas ações é sempre uma vantagem.

Como diz o ditado, "quem não arrisca, não petisca". Qualquer iniciativa envolve riscos e possibilidade de erro. Se você nunca comete erros, talvez não esteja aprendendo nem crescendo e provavelmente não realizará muita coisa.

"ALGUÉM VIVE ATRAPALHANDO MEU TRABALHO"

Quanto mais ideias tiver, maior a probabilidade de os outros irem contra o que você quer fazer, como e quando quer fazer. Talvez você signifique uma ameaça ou eles se sintam desvalorizados com o seu sucesso. Mas lembre-se de que a crítica alheia é muitas vezes bem-intencionada. As pessoas podem estar tentando ajudar você a pensar nos seus planos para que não cometa erros.

De tempos em tempos, você tem que lidar com uma pessoa difícil no trabalho, alguém que atrapalha suas atividades a toda hora. Nem sempre é fácil saber por que as pessoas agem assim — talvez acreditem que estão agindo de forma correta quando se opõem a você.

Fale com seus possíveis inimigos. Conheça-os melhor. Diga-lhes que aprecia o que eles fazem por você. Pergunte como pode ajudá-los. Veja o que pode fazer para incorporar as sugestões deles e minimizar as preocupações que têm em relação aos seus planos.

Se você der o primeiro passo para melhorar

esses relacionamentos, na maioria dos casos eles vão querer cooperar e darão os passos restantes. Quando sentirem que você os compreende e está do lado deles, eles lhe darão confiança e apoio.

É claro que algumas pessoas detestam o que fazem e tentam tornar o trabalho dos outros igualmente detestável. Mesmo assim, é melhor ficar por cima e tratar essas pessoas com a confiança e o respeito com que você gostaria de ser tratado.

"FRACASSO SEMPRE QUE TENTO TOMAR INICIATIVA"

Algumas pessoas não são boas para tomar iniciativa. Não gostam de tomar iniciativa, acham que não têm obrigação de fazer isso e, com muita frequência, não têm sucesso quando tentam.

Se você é uma delas, deve avaliar a situação e encontrar um trabalho no qual possa ser bem-sucedido fazendo só o que lhe pedem, ou tentar uma abordagem mais drástica para mudar seus antigos padrões de comportamento.

Alguns preferem arranjar um emprego em que recebem ordens sobre o que têm que fazer. Talvez você seja um deles. Se for, deve selecionar uma rotina de trabalho muito bem estruturada, um bom ambiente e um gerente com uma visão profissional mais tradicional. Infelizmente, por causa da sua preocupação com uma vida "segura", talvez você tenha menos oportunidades na sua carreira.

Outra abordagem seria parar de pensar em segurança e reinventar-se por completo, passando a ser uma pessoa que "assume encargos". Você pode entrar para um curso, pode aprender a fazer apresentações em público, ou aumentar suas possibilidades de intercâmbio por meio de associações profissionais.

A certa altura também deverá se perguntar: "Estou no emprego certo, estou trabalhando para a empresa certa?" Se estiver em constante desacordo com as expectativas e responsabilidades do seu cargo, talvez não esteja fazendo um bom trabalho ou se encontre na empresa errada.

Você deve procurar um ambiente de trabalho que apoie sua forma de ser e os valores, as qualificações e as aptidões que oferece à empresa. Um ambiente de trabalho encorajador é uma grande fundação para se começar a construir uma carreira promissora.

5
CONCLUSÃO:
A RECOMPENSA
SUPREMA

PERCEBA O SEU POTENCIAL

Sempre acreditei que, se trabalhasse duro e fizesse o que me mandavam fazer, teria sucesso na vida. Mas, como caixa de loja de conveniência na minha juventude, aprendi que essa atitude não bastava. Para ter sucesso e tirar o máximo da vida, temos de nos afirmar e fazer a diferença.

Hoje acredito que o maior erro na vida é pensar que a gente trabalha para alguém. Em seguida, descrevo o que tento lembrar a mim mesmo todos os dias.

Em última instância, todo mundo trabalha para si mesmo, ainda que o salário seja pago por outra pessoa. Embora receba tarefas e seja avaliado por seu desempenho, é você quem determina suas próprias ideias e ações.

Fale das suas ideias com os outros. Apresente-se para atividades que lhe darão o máximo de prazer. Determine aquilo em que você é bom e também do que gosta de fazer. Entre para um ambiente de trabalho que apoie quem você é e o que você deseja ser. Trabalhe mais com suas forças do que com suas fraquezas para poder maximizar seus talentos.

Nós todos temos um depósito de energia intocado. Quase todos nós esperamos que alguém reconheça isso e reconheça também nosso potencial. Esperamos que os outros nos digam, de uma forma ou de outra, o que fazer e quando fazer.

Passamos a vida pulando de um emprego para outro. Raramente nos sentimos felizes com o que fazemos e não sabemos ao certo o que devemos fazer para melhorar as coisas.

Dia após dia repetimos uma rotina que parece segura só porque já fizemos tudo isso muitas vezes antes. Em casa acompanhamos as notícias e assistimos a nossos programas favoritos. No trabalho seguimos os processos rotineiros, em geral da forma mais segura possível.

Estamos esperando um alarme, mas nunca ligamos o despertador.

O profissional médio considera fracos três em cada quatro gerentes com quem já trabalhou. Quase todo mundo espera ter o "bom" gestor, que torne seus empregos, suas carreiras e suas vidas agradáveis.

Se quiser mudar sua vida, terá de começar por você. Assuma o controle. Seja responsável pelo seu trabalho. Evite desculpas e procure fazer o que considera importante para você e para o sucesso da empresa. Conviva com pessoas que pensem como você, tenham energia e procurem tirar o máximo proveito da vida.

Evite pessoas que não entendem o que é importante para você ou que não têm interesse em participar dos seus sonhos. Gravite em torno de quem o apoia e encoraja. Procure se aproximar de pessoas que você possa admirar e cujos passos deseja seguir.

Seja alguém que faz as coisas acontecerem – a começar consigo próprio. Adote o slogan: "Se tiver que ser, terá que começar comigo."

Suas ideias moldam suas crenças sobre você e sobre sua realidade e afetam suas ações, de forma muito real e direta.

Não espere que os outros lhe digam o que fazer. Veja por si próprio o que tem que ser feito! Ouça. Aprenda. Tome uma posição. Dê uma sugestão. Dê o primeiro passo para entrar em ação. Mais importante ainda, faça o que diz que vai fazer. Não na quinta, não na segunda – mas na primeira vez. Seja uma pessoa de palavra, em quem se pode confiar sem precisar ser constantemente lembrado e cobrado. Mantenha-se alerta para identificar as necessidades das pessoas à sua volta – seu gerente, seus colegas de trabalho, seus clientes – e atendê-las.

Leve soluções e não problemas para o seu gerente. E com essas soluções leve energia para colocá-las em prática.

A vida passa para muita gente que em qualquer momento poderia ter embarcado nela. Tente melhorar seu trabalho atual, não o próximo. Faça isso agora, não quando achar que terá tempo.

Viva seus sonhos, não os deixe para mais tarde. Procure uma forma de identificar e manter vivo seu objetivo. Procure a centelha que ilumina seu entusiasmo e torne-a uma chama de paixão. Assim você será inestimável, não só para seu empregador como também para si mesmo.

Use sua iniciativa. Assuma o desafio de tentar fazer o melhor possível e determine como pode fazer isso. A ação fala mais alto que as palavras. A inação não diz nada.

Frequentemente, as pessoas falam mais do que fazem. Seja uma exceção a essa regra. Seja uma pessoa conhecida por suas ações e iniciativas. Não só você desenvolverá uma habilidade em alta demanda como sua vida se tornará mais agradável.

O risco que você corre não é tentar fazer coisas que nunca foram feitas antes, mas não fazê-las e nunca chegar a saber se poderia tê-las feito. O risco é ser apenas um profissional médio, que simplesmente faz o que lhe pedem.

Você não pode se permitir ser apenas médio – e seu empregador não pode se permitir aceitar que você seja apenas um colaborador médio!

Cultive o entusiasmo. Sinta paixão pelo que está fazendo com a sua vida. Pense constantemente na forma de realizar o que quer. Preencha seus dias com atitudes que façam a diferença, todas ligadas por uma paixão comum. Capte energia a cada hora do dia.

Em vez de ser moldado pelas circunstâncias, saiba que pode controlá-las. Você pode fazer as coisas acontecerem para melhorar sua situação. Seu destino está nas suas mãos.

Molde seu futuro lembrando-se destas palavras simples:

NÃO FAÇA APENAS O QUE TE PEDEM,

FAÇA O QUE TEM QUE SER FEITO.

O QUE ME PEDEM PARA FAZER
Inclua um bilhete com os materiais
Envie um pacote para um cliente
Faça o acompanhamento de um cliente potencial
Apague a luz quando sair
Pergunte aos outros o que eles pensam
Envie um contrato
Lide com um cliente irritado
Verifique o problema
Desenvolva uma proposta
Verifique um preço
Escolha um fornecedor
Dois empregados estão em discordância
Crie uma lista de contas passadas vencidas
Nossos custos fixos estão subindo
As vendas estão baixas

O QUE TEM QUE SER FEITO
Escreva o bilhete para eu revisar os itens a serem enviados
Verifique se o pacote chegou
Venda para o cliente e me informe o resultado
Não desperdice dinheiro nem eletricidade
Classifique o que eles dizem, faça recomendações
Faça um acompanhamento dos itens levantados e feche o negócio
Resolva o problema, deixe o cliente feliz
Resolva o problema, examine o sistema para evitar que se repita
Pesquise as opções, verifique a receptividade das pessoas envolvidas
Faça comparações, dê uma recomendação
Crie critérios e processos de seleção, aceite ofertas
Intermedie e ajude-os a se comunicar melhor
Procure formas de melhorar o fluxo de caixa
Ajude a reduzir os custos
Busque formas de aumentar o faturamento e ajude a fechar as vendas

SOBRE O AUTOR

Bob Nelson é presidente da Nelson Motivation Inc., empresa de consultoria e de treinamento de gestores, sediada em San Diego, na Califórnia. Ele é uma autoridade no campo da motivação, do engajamento e do reconhecimento profissional. Seus livros já foram traduzidos para mais de 30 idiomas e venderam mais de 5 milhões de exemplares.

Para maiores informações a respeito do autor, visite o site
www.drbobnelson.com

CONHEÇA ALGUNS DESTAQUES DE NOSSO CATÁLOGO

- Augusto Cury: Você é insubstituível (2,8 milhões de livros vendidos), Nunca desista de seus sonhos (2,7 milhões de livros vendidos) e O médico da emoção

- Dale Carnegie: Como fazer amigos e influenciar pessoas (16 milhões de livros vendidos) e Como evitar preocupações e começar a viver

- Brené Brown: A coragem de ser imperfeito – Como aceitar a própria vulnerabilidade e vencer a vergonha (900 mil livros vendidos)

- T. Harv Eker: Os segredos da mente milionária (3 milhões de livros vendidos)

- Gustavo Cerbasi: Casais inteligentes enriquecem juntos (1,2 milhão de livros vendidos) e Como organizar sua vida financeira

- Greg McKeown: Essencialismo – A disciplinada busca por menos (700 mil livros vendidos) e Sem esforço – Torne mais fácil o que é mais importante

- Haemin Sunim: As coisas que você só vê quando desacelera (700 mil livros vendidos) e Amor pelas coisas imperfeitas

- Ana Claudia Quintana Arantes: A morte é um dia que vale a pena viver (650 mil livros vendidos) e Pra vida toda valer a pena viver

- Ichiro Kishimi e Fumitake Koga: A coragem de não agradar – Como se libertar da opinião dos outros (350 mil livros vendidos)

- Simon Sinek: Comece pelo porquê (350 mil livros vendidos) e O jogo infinito

- Robert B. Cialdini: As armas da persuasão (500 mil livros vendidos)

- Eckhart Tolle: O poder do agora (1,2 milhão de livros vendidos)

- Edith Eva Eger: A bailarina de Auschwitz (600 mil livros vendidos)

- Cristina Núñez Pereira e Rafael R. Valcárcel: Emocionário – Um guia lúdico para lidar com as emoções (800 mil livros vendidos)

- Nizan Guanaes e Arthur Guerra: Você aguenta ser feliz? – Como cuidar da saúde mental e física para ter qualidade de vida

- Suhas Kshirsagar: Mude seus horários, mude sua vida – Como usar o relógio biológico para perder peso, reduzir o estresse e ter mais saúde e energia

sextante.com.br